MUST READ | ANALISI DEL LIBRO

AF126489

# Eugenie Grandet

· · · · · · · · · · · · · · ·

## Honoré de Balzac

# ANALISI DEL LIBRO

Scritto da Emmanuelle Laurent
Tradotto da Sara Rossi

# Eugenie Grandet

## HONORÉ DE BALZAC

# HONORÉ DE BALZAC

## SCRITTORE FRANCESE

- **Nato a Tours nel 1799**
- **Morto a Parigi nel 1850**
- **Opere degne di nota:**
  - *Les Chouans* [I Chouans] (1829), romanzo
  - *Eugénie Grandet* (1833), romanzo
  - *Padre Goriot* (1835), romanzo

Honoré de Balzac (1799-1850) è uno dei maggiori scrittori francesi del XIX secolo. Da giovane si fece strada nel mondo dell'aristocrazia parigina, che frequentò costantemente. Tuttavia, fu presto rovinato da varie imprese commerciali disastrose e dal suo stile di vita eccessivo: la scrittura letteraria, che intraprese con passione e diligenza, divenne il suo unico modo per pagare i debiti.

Era un uomo ambizioso e intraprese un'opera monumentale, *La commedia umana*, che comprende più di 90 romanzi e il cui scopo era quello di tracciare un ritratto esaustivo della società del suo tempo, così vasto da poter competere con i documenti ufficiali. Tra i suoi romanzi più famosi ricordiamo *Eugénie Grandet* (1833) e *Padre Goriot* (1835).

Balzac è considerato uno dei padri fondatori del romanzo realista moderno.

# EUGÉNIE GRANDET

## UNA SCENA DI VITA DI PROVINCIA

- **Genere:** romanzo
- **Edizione di riferimento:** De Balzac, H. (2010) *Eugénie Grandet*. Trans. Prescott Wormeley, K. Coln St. Aldwyn: The Echo Library.
- **Prima edizione:** 1833
- **Temi:** vita di provincia, denaro, amore, avarizia, matrimonio

Nell'ottobre del 1833, Balzac firma un contratto per la pubblicazione degli *Studi di Maniera del XIX secolo*. La raccolta comprenderà *Scene di vita privata*, *Scene di vita parigina* e *Scene di vita provinciale*, secondo una classificazione che annuncia l'insieme organico della *Commedia umana*. Pubblicato alla fine del 1833, *Eugénie Grandet* è la prima delle scene di vita di provincia, in cui Balzac cerca di rappresentare l'atmosfera provinciale e i suoi "drammi in silenzio". L'autore scrisse che l'arte del dettaglio e dei mezzitoni rendeva questo ritratto una "umile miniatura".

# SINTESI

Il romanzo si apre con la descrizione della strada principale della città di Saumur, dove si trova la "casa di Monsieur Grandet" (capitolo I), un ricco mastro bottaio ed ex sindaco di Saumur, che vive con la moglie, la figlia Eugénie e il loro servitore Nanon. La storia si apre a metà novembre 1819, il giorno del compleanno di Eugénie, durante una cena a cui partecipano due famiglie che sperano di ottenere la mano dell'ereditiera. Da una parte ci sono i Cruchot, che comprendono il giovane presidente del tribunale civile di Saumur e i suoi zii, il notaio e il prete; dall'altra i des Grassin, che comprendono il padre, banchiere, insieme alla moglie e al figlio.

La sera stessa arriva da Parigi Charles Grandet, "un bel giovane di ventidue anni" (Capitolo III), figlio unico del fratello di Grandet. Egli appare come una minaccia per entrambi i campi, perché potrebbe essere un pretendente di Eugénie. Charles consegna allo zio una lettera del padre, di cui non conosce il contenuto. La lettera dice che il padre, che aveva fatto bancarotta, si è appena suicidato. Aveva un debito di quasi quattro milioni di sous. Affida il figlio al fratello, ma quest'ultimo rimane indifferente all'infelicità del giovane: "Carlo non è nulla per noi; non ha un soldo, suo padre è fallito" (capitolo V).

Grandet pensa di sbarazzarsi del nipote mandandolo a fare fortuna nelle Indie. Durante una cena, cerca di convincere il giovane Cruchot ad andare a Parigi. Arrivano però i des Grassins e fanno un'offerta: il padre, banchiere, si occuperà della questione.

Eugénie, che trova sul comodino del cugino una lettera scritta da quest'ultimo all'amante Annette in cui parla del suo bisogno di denaro, gli offre le sue monete d'oro. Charles le dà la valigia di sua madre per custodirla. Tra i due giovani sboccia l'amore. Il giorno in cui Charles parte per le Indie, si promettono di essere sempre fedeli l'uno all'altra e si scambiano il primo bacio.

Des Grassins, occupato negli affari di Grandet, resta a Parigi, dove il figlio lo raggiunge. Non è quindi più un pretendente per Eugénie: la famiglia Cruchot trionfa. Eugénie, dal canto suo, aspetta il cugino e soffre in silenzio.

Alla fine del 1819, Madame Grandet viene a sapere che Eugénie ha dato il suo oro alla cugina. Il mattino seguente, Grandet chiede di vedere l'oro della figlia: "Non ho il *mio* oro" (capitolo X). Il padre la maledice.

Grandet costringe Eugénie a vivere chiusa nella sua camera da letto. L'intera città la evita. Madame Grandet chiede al notaio Cruchot di fare qualcosa per riconciliare padre e figlia. Il notaio fa capire a Grandet che, alla morte della madre, la figlia potrebbe rivendicare una parte della fortuna. L'avarizia di Grandet diventa monomaniacale. Vedendo l'oro della cassetta da toeletta di Charles, vuole impossessarsene. Eugénie si arma di coltello e minaccia di uccidersi se il padre toccherà quella "sacra fiducia" (capitolo XI). Questa scena accelera la fine di Madame Grandet. Appena morta, Grandet dice a Eugénie di rinunciare all'eredità della madre.

Passano cinque anni. Verso la fine del 1827, Grandet, all'età di 82 anni, si ritrova paralizzato. Tutta la sua vita si è rifugiata nei suoi occhi e nella contemplazione del suo oro. Poi arrivano le doglie della morte: "Quando il sacerdote gli accostò alle labbra il crocifisso d'argento dorato, perché baciasse il Cristo, fece un gesto spaventoso, come per afferrarlo" (capitolo XII). Eugénie eredita 19 milioni di sous.

Nel giugno dello stesso anno, Charles, che ha fatto fortuna nelle Indie commerciando con il nome di Charles Shepherd, sbarca a Bordeaux: "Eugénie non aveva posto nel suo cuore né nei suoi pensieri" (capitolo XIII). Durante la traversata diventa l'amante di Madame d'Aubrion, che intende fargli sposare la figlia. La figlia è brutta e senza dote, ma lui si vede già come il Comte d'Aubrion. Des Grassins viene a trovarlo e gli comunica la somma di denaro necessaria per pagare i debiti del padre, ma Charles lo manda via.

In agosto, Eugénie riceve una lettera da Charles in cui le comunica il suo progetto di sposare la figlia della famiglia d'Aubrion. Madame des Grassins fa leggere la lettera a Eugénie al marito, che non è stato pagato da Charles e minaccia di dichiarare il fallimento del padre. Eugénie progetta allora un matrimonio solo di nome con Monsieur le président de Bonfons in cambio di "un servizio inestimabile" (capitolo XIV). Gli chiede di andare a Parigi per ripagare interamente i creditori dello zio, poi di consegnare una lettera a Carlo: "Sii felice, secondo le convenzioni sociali alle quali hai sacrificato il nostro amore" (capitolo XIV).

De Bonfons sposa Eugénie. Lei sa che lui vuole che lei muoia per poter ereditare la sua fortuna. Muore otto giorni dopo essere stato eletto deputato di Saumur. Vedova a 33 anni e "ancora bella", Madame de Bonfons "vive come viveva la povera Eugénie Grandet". Balzac conclude: "Questa è la storia di Eugénie Grandet, che è nel mondo ma non ne fa parte" (capitolo XIV).

# STUDIO DEL CARATTERE

## EUGÉNIE GRANDET

Eugénie, in quanto ereditiera, è preda dell'avidità altrui ed è quindi al centro di questa commedia delle buone maniere. Come giovane ragazza che sperimenta l'amore per la prima volta, è l'eroina della storia d'amore che è anche una storia di crescita. Tuttavia, la sua storia d'amore ha un epilogo infelice e lei viene sacrificata agli interessi di varie altre persone: ciò la eleva al rango di eroina tragica. Balzac gioca con gli stridenti contrasti tra la monotonia delle sue abitudini, la povertà dei suoi abiti, i limiti del suo ambiente e la grandezza della sua anima. Lo "splendore di una bellezza speciale" (capitolo VI) va oltre le apparenze. La sua generosità, soffocata dall'avarizia di Grandet, si rivela ed è alla base di un dramma che contrappone padre e figlia. Incarnando la fedeltà eterna in un mondo che riconosce solo l'interesse del momento, Eugénie rappresenta valori che non appartengono al suo mondo o al suo secolo. La sua storia è anche quella della reclusione di una donna superiore, prigioniera della ristrettezza del suo ambiente. Questa grandezza non celebrata conferisce al romanzo una profonda malinconia, che si manifesta nella bellezza di Eugénie e persino nella sua casa che, "senza sole, senza calore, sempre in ombra, malinconica, è un'immagine della sua vita" (capitolo XIV).

# GRANDET

Assumendo il personaggio dell'avaro, Balzac vuole suscitare nel lettore una "profonda curiosità" perché l'avaro, interamente schiavo del suo interesse, riassume tutte le passioni. L'avarizia di Grandet è quindi il motore principale della trama: le sue speculazioni sono calcolate con grande precisione, poi con l'età gli effetti della sua passione diventano follia. Il modello per lui è tratto dalla commedia, con tutte le sue risorse: la comicità della ripetizione per descrivere le sue manie, le espressioni pittoresche, i movimenti del suo wen (l'escrescenza tumorale sul naso), che tradiscono le sue emozioni quando il suo volto rimane impassibile.

Balzac gli conferisce anche una dimensione fantastica perché l'avaro, sempre calcolatore, non si apre mai. Il romanziere descrive in modo clinico il vecchio completamente paralizzato dalla sua passione, divenuta monomaniacale, che vive in uno stato vegetativo e viene riportato in vita solo dal contatto con l'oro, che ha un bisogno patologico di vedere e toccare. Attraverso la rappresentazione di una persona essenzialmente materialista, Balzac dipinge anche il ritratto di un'epoca che non crede più nei beni spirituali: in questo modo diventa uno "storico delle maniere" del suo tempo.

## CHARLES GRANDET

Charles è il personaggio che introduce il movimento e mette in moto il dramma: il suo arrivo, che interrompe l'ordine stabilito, è una svolta drammatica. Il suo bell'aspetto e il suo stile di giovane alla moda spiccano in questo ambiente grigio. È il parigino in mezzo ai provinciali. Grandet lo vede come un "dandy" (capitolo III). È il primo e unico amore di Eugénie. Descrivendo un idillio, Balzac lo ritrae quando in lui è rimasto un residuo di innocenza. Ma Charles è "già un vecchio sotto la maschera della giovinezza" (capitolo VIII): la storia d'amore diventa un racconto di formazione nella lunga descrizione che racconta gli anni trascorsi nelle Indie e l'invecchiamento accelerato di questo personaggio: "Nella lotta perpetua degli interessi egoistici il suo cuore si raffreddò, poi si contrasse, poi si inaridì" (capitolo VIII). Mentre Eugénie gli rimane eternamente fedele, lui è l'immagine stessa della volubilità, riconoscendo solo l'interesse del momento. Si preoccupa solo del successo e delle apparenze. Entra quindi a far parte della famiglia dei "leoni" di Balzac: Rastignac, Rubempré, du Tillet e Maxime de Trailles.

# ANALISI

## *EUGÉNIE GRANDET,* UNA SCENA DI VITA DI PROVINCIA

### La città di Saumur

Il romanzo si apre con la descrizione della strada principale di Saumur, che già prefigura la trama e dà un'idea dei personaggi. I nomi hanno un significato e danno il tono generale del romanzo. Saumur assomiglia molto alla parola francese *saumure*, che significa "salamoia", evocando così l'avarizia di Grandet e il conservatorismo della città di provincia, facendo pensare a un liquido che si usa per conservare o macerare le cose. La tenuta di Grandet, Froidfond, che contiene le parole francesi *froid* ("freddo") e *fond* ("fondo" o "profondità"), indica la sua freddezza e durezza di cuore. La descrizione panoramica che accompagna il lettore lungo tutta la strada dà un'idea dei costumi della città, dello status dei bottai e infine del posto che occupa Monsieur Grandet stesso. Si delinea una gerarchia del denaro, in cui Grandet domina perché è "il personaggio più imponente dell'arrondissement" (capitolo I).

In provincia, la vita è pubblica: è sempre osservata da altri, impegnati a giudicare le azioni e a valutare le fortune. Di fronte a un avaro e a una figlia inseguita da due pretendenti, la curiosità è al massimo: "Questa guerra segreta tra i Cruchot e i Grassin, il cui premio era la mano di Eugénie Grandet, metteva in agitazione i vari ambienti sociali di Saumur"

(Capitolo I). Tutti gli occhi della città sono puntati su Grandet, che sembra avere il dono di prevedere sempre il futuro nel proprio interesse.

## Il mistero dei personaggi

Il personaggio dell'avaro, tuttavia, rimane completamente avvolto nel mistero. Anche le motivazioni segrete delle azioni di Eugénie sfuggono a questo piccolo mondo che non conosce la grandezza della sua anima. Il carattere impenetrabile del padre e della figlia mette ulteriormente in evidenza questi altri personaggi, che non possono che essere provinciali. Nel XIX secolo, questi tipi di personaggi rappresentativi del loro ambiente o della loro professione erano molto popolari e venivano chiamati fisiologie (fisiologia del borghese, fisiologia dell'attrice, ecc.). Tuttavia, sebbene Eugénie e suo padre appartengano per certi versi al loro ambiente borghese, per altri versi vi sfuggono. Sono più che tipi di personaggi: uno ha il mistero di un personaggio fantastico, mentre l'altro ha la nobiltà di un'eroina tragica.

# UN'IMMAGINE GRIGIA

## Strettoia

Per descrivere la meschinità della vita di provincia, l'autore diventa un miniaturista, si concentra sui dettagli e usa i mezzitoni. Per disegnare il ritratto di un avaro, deve accentuare ulteriormente questa meschinità: La casa di Grandet è costantemente in ombra, il giardino è stretto, la vegetazione è rada e un piccolo tratto di muro limita l'orizzonte. All'interno, le pareti sono spoglie, gli oggetti sono banali e tutto è freddo e buio. È essenziale dare un'apparenza di povertà. Tutto è quindi ridotto allo stretto necessario: "[Grandet] non si agitava e non faceva rumore, sembrava risparmiare su tutto, anche sui movimenti" (Capitolo I).

## Il tempo si è fermato

Balzac scrisse una volta che tutto arrivava a Parigi, ma passava per la provincia. La vita lì sembra essersi fermata e le ore passano con gli stessi gesti ripetuti: quelli della madre e della figlia occupate a cucire, quelli di Nanon e quelli di Grandet, al limite della mania. Quando si muove, è di notte e di nascosto. Mentre Eugénie resta ad aspettare Charles, lui viaggia in tutto il mondo. Mentre lei è l'incarnazione della fedeltà, lui è l'immagine stessa dell'incostanza. Alla fine del romanzo, Balzac traccia un ultimo ritratto del suo personaggio, dal presente all'eternità, sia per tradurre il tempo sospeso della sua vita di reclusione, sia per raffigurare l'eternità in cui si muove poiché, non partecipando agli interessi mondani, è già "in cammino verso il cielo" (capitolo XIV).

## Il grigiore

Il colore generale del romanzo è il grigio: pareti grigie, abiti grigi, la debole penombra di una candela che illumina appena i personaggi e rende questa scena di provincia un teatro di ombre. Il grigio è anche il colore freddo che simboleggia il cuore di Grandet, paragonato al granito. Come pittore e romanziere, Balzac crea contrasti sorprendenti: la luminosità che circonda Charles quando appare per la prima volta, i suoi capelli biondi, il suo bell'aspetto, la sua giovinezza, la lussuosità del suo abbigliamento e i colori vivaci dei suoi vestiti si stagliano su questo sfondo grigio.

# GRANDET: UN PERSONAGGIO FANTASTICO

## Grandet: un uomo superiore

La sua intelligenza nel calcolare i propri interessi rende Grandet, come l'usuraio Gobseck, un personaggio superiore. Tutte le sue previsioni sono coronate dal successo: "Gli esseri potenti vogliono e aspettano" (capitolo VI). Lontano da Saumur, avrebbe potuto fare grandi cose, così come avrebbe potuto non arrivare a nulla, lontano dal suo ambiente naturale. Questa meschina grandezza, rimpicciolita dalla ristrettezza della vita di provincia e dalla passione di fondo dell'avidità, si riflette nel suo nome: Grandet contiene la parola francese *grand*, che significa "grande" o "grandioso", ma seguita da un suffisso diminutivo.

## Una dimensione fantastica

Il suo gusto per la segretezza e l'aura che lo circonda a Saumur conferiscono a Grandet una dimensione fantastica. In particolare, vengono in mente il romanzo di Balzac *La ricerca dell'assoluto* (1834) e il segreto della trasmutazione dell'oro. Nel suo ufficio con le porte con le sbarre di ferro, Grandet vuole essere lasciato in pace, "come un alchimista nel suo laboratorio" (capitolo IV). Non vediamo mai denaro in casa, ma l'avaro sembra produrre e moltiplicare l'oro. Balzac gioca con la penombra durante le scene notturne, in cui vediamo Grandet trasportare un barile di monete di piccolo taglio per poterle cambiare in oro in città.

## Il lupo, l'avvoltoio e il cane

Preoccupato dalla sua unica passione, Grandet non crede né in Dio né nel diavolo ("Il diavolo si prenda il suo buon Dio!", capitolo VI). È un marito, un padre e un cittadino innaturale. Maledice la propria figlia perché è generosa, causa la morte della moglie e tradisce i suoi concittadini. Balzac utilizza qui il modello della zoologia sociale, utilizzando le immagini tradizionali dell'avvoltoio che afferra, del cane che morde e del lupo che divora. Di fronte a questo lupo, la madre e la figlia, sacrificate sull'altare degli interessi del padre, sono l'immagine dell'agnello: "Agnello senza macchia, andò in cielo, rimpiangendo solo il dolce compagno della sua vita fredda e tetra, per il quale il suo ultimo sguardo sembrava profetizzare un destino di dolori. Si vergognava di lasciare la sua pecorella, bianca come lei, sola in mezzo a un mondo egoista che cercava di spogliarla del suo vello e di afferrare i suoi tesori" (capitolo XI).

# PADRE E FIGLIA

## Il denaro è tutto per Grandet e niente per Eugénie

Il padre crede solo nell'esistenza materiale ("Gli avari non credono in una vita futura; il presente è il loro tutto", capitolo VI), mentre la figlia è già del cielo. In lei c'è una totale assenza di calcolo, e in un impeto di generosità dona il suo oro a Carlo. Allevata dalla madre, ignora completamente il valore delle cose e la fortuna del padre: "Allora papà deve essere ricco?" (Capitolo V); "Cos'è un 'milione', padre?" (Capitolo V).

## Tutto ciò che riguarda Grandet è stretto e piccolo, tutto ciò che riguarda Eugénie è ampio e grande

La nobiltà di Eugénie, la generosità delle sue vedute e il suo senso dell'infinito sono dettati dalla fede e insegnati dall'amore. Mentre il vocabolario usato per descrivere Grandet trasmette meschinità, le immagini usate per raffigurare Eugénie riflettono la sua grandezza morale – l'infinito, l'oceano, il cielo – che contrasta con l'ambiente ristretto in cui è racchiusa. L'invecchiamento del padre, la cui avarizia e durezza crescono con l'età, contrasta anche con la nascita dell'amore nel cuore della figlia, un movimento espansivo che la fa crescere e la eleva al di sopra della sua condizione. I suoi "istinti generosi", "a lungo repressi" (capitolo V) dal padre, si risvegliano. Eugénie si fa strada ed è pronta a opporsi al padre: lasciamo quindi la commedia delle buone maniere per passare a una tragedia in cui si scontrano due personaggi antagonisti.

## Somiglianza nella differenza

Tuttavia, la figlia eredita dal padre la sua intelligenza superiore e la capacità di nascondere non i suoi interessi ma il suo dolore, così come il suo carattere solitario e la sua franchezza. Se evita alcune espressioni indirette, è perché è onesta e conosce il mondo. A Monsieur de Bonfons, che vuole la sua eredità, dice: "So cosa vi piace in me" (capitolo XIV). Le abitudini sobrie, che nel padre erano frutto dell'avarizia, nella figlia sono un segno di ascetismo e un modo per rinunciare al mondo.

# UNA TRAGEDIA BORGHESE

## Le tre unità

Questa scena di provincia è presentata da Balzac come "una tragedia borghese, senza veleno, né pugnale, né spargimento di sangue; ma – per quanto riguarda gli attori – più crudele di tutti gli orrori favoleggiati nella famiglia degli Atridi" (capitolo X). L'ambientazione unica di Saumur e la stanza della casa di Grandet in cui si decide tutto conferiscono al romanzo un'unità di luogo. Allo stesso modo, possiamo parlare di unità d'azione per quanto riguarda il numero limitato di personaggi che si occupano della stessa trama e che ritroviamo sette anni dopo: "Il branco inseguiva ancora Eugénie e i suoi milioni" (capitolo XII). Sebbene la trama si estenda per diversi anni, la vita ripetitiva della provincia, l'isolamento delle donne nella casa di Grandet e la reclusione di Eugénie sembrano fermare il tempo: possiamo quindi anche dire che c'è unità di tempo. La descrizione introduttiva dei luoghi e dei personaggi è una lunga scena espositiva in cui Balzac gestisce con cura la suspense, seguita da una serie di incidenti drammatici, fino alla crisi di un giorno del 1820.

## Incidenti drammatici

In questa confinata vita di provincia, l'arrivo del cugino da Parigi sconvolge i piani di molti. Il fallimento e il suicidio del padre lo circondano di un'aura tragica; potrebbe essere un pretendente di Eugénie. I due campi rivali lo vedono quindi come un avversario importante. Anche il piano ordito da Grandet per non pagare i creditori del fratello inibisce alcune delle forze presenti, poiché des Grassins e suo figlio si ritirano dall'inseguimento per rimanere a Parigi. Una volta che Carlo è partito per le Indie, l'ordine sembra essere ristabilito, visto che era lui l'intruso. Ciò non tiene conto del fatto che Eugénie gli ha dato le sue monete d'oro, che il padre vuole recuperare. Questa scena è rappresentata come un tragico confronto tra padre e figlia: lei gli resiste, lui la rinnega. Questo confronto appare fatale per Madame Grandet, che muore quasi sul colpo: "Sto morendo" (capitolo X). Come in un *dramma borghese* nello stile di Diderot (scrittore francese, 1713-1784) e de Greuze (pittore francese, 1725-1805), assistiamo a una scena in cui un padre maledice il figlio, con grandi gesti, grida e movimenti di sdegno. La stessa pregnanza è presente nella scena in cui Grandet vuole impadronirsi della cassetta da toeletta regalata da Charles a Eugénie.

## Eugénie, un personaggio tragico

Sebbene Balzac giochi con le due scene drammatiche dando loro una dimensione comica legata al personaggio dell'avaro, Eugénie è senza dubbio un personaggio tragico. Infatti, sembra condannata fin dalla prima scena: "Questa fanciulla che, come certi uccelli vittime del prezzo che viene loro imposto, era ora attirata e intrappolata da prove di amicizia di cui era l'inganno" (capitolo II). Allo stesso modo, il suo tradimento da parte del cugino a cui rimane comunque fedele è un elemento tragico. Balzac ritrae in lei la grandezza nascosta nella provincia, la bellezza che non si vede e la vera nobiltà che non è quella mondana. Al di là degli intrighi degli uomini, la provvidenza è la realtà superiore che sventa i piani migliori. Alla fine del romanzo, la mano di Dio, che "non sbaglia mai" (capitolo XIV), provoca la morte di Monsieur de Bonfons, che sperava segretamente nella morte della moglie: è l'ultimo capovolgimento della situazione e l'ultimo incidente drammatico.

# ULTERIORI RIFLESSIONI

## ALCUNE DOMANDE SU CUI RIFLETTERE...

- Balzac conclude: "Questa è la storia di Eugénie Grandet, che è nel mondo ma non ne fa parte" (capitolo XIV). In che modo questa frase riassume il carattere di Eugénie Grandet?

- Qual è il ruolo delle descrizioni in Balzac?

- Spiegate in che modo la casa di Grandet è un'immagine della vita di Eugénie. Mostrate come Eugénie Grandet appartenga alle *Scene di vita provinciale*.

- Balzac presenta Eugénie Grandet come "una tragedia borghese, senza veleno, né pugnale, né spargimento di sangue; ma – per quanto riguarda gli attori – più crudele di tutti i favolosi orrori della famiglia degli Atridi" (capitolo X). Spieghi questa affermazione.

- In che modo Grandet è un personaggio comico e in che modo Eugénie è un'eroina tragica?

- Balzac riesce a rappresentare l'avarizia? In che modo?

- *Eugénie Grandet* può essere considerata una storia d'amore?

# ULTERIORI LETTURE

## EDIZIONE DI RIFERIMENTO

De Balzac, H. (2010) *Eugénie Grandet*. Trans. Prescott Wormely, K. Coln St. Aldwyn: The Echo Library.

*Vogliamo sapere da voi!*
*Lasciate un commento sulla vostra biblioteca online*
*e condividete i vostri libri preferiti sui social media!*

www.50minutes.com

Master ISBN: 9782808689878
ISBN cartaceo: 9782808611275
Deposito legale: D/2023/12603/1407

Copertura: © Primento

*Concezione digitale a cura di Primento, il partner digitale degli editori.*